시동인 미루 창간호

미루

시동인 미루 창간호

미루의 창을 열며

 이제 막 당도한 가을의 심장에 손을 쑤욱 집어넣고 가을을 휘저어보고 싶은 욕망이 일어납니다. 여기 일곱 명의 시인이 의기투합하여 시의 심장에 자신들을 쑤욱 집어넣고 시를 휘저어 보려 합니다. 각각의 시인들은 자신만의 시를 두 어깨에 걸쳐 메고 한순간의 쉼도 없이 터벅터벅 걸어온 분들입니다. 그래서 이제는 더 미룰 수 없는 일이 되어버렸습니다.

 '미루'의 탄생을 알립니다.

 뒤라스가 『고독한 글쓰기』에서 '쓴다는 것은 말하지 않고 침묵을 지키는 일이다. 그것은 바로 소리 없이 울부짖는 것이다'라고 했습니다. 여기 일곱 명의 시인들은 쓰되 설명하지 않고 말하되 공허하지 않고 침묵하되 거대한 메아리처럼 독자를 향해 나아가고 있는 시인들입니다.

시가 때론 자연을 노래하고, 때론 서늘한 존재를 노래하고, 때론 소멸로 향하는 것들을 한 번 더 불러보기도 하지만 궁극은 내게서 뻗어 나가는 나를 노래하는 것이 아닐까 생각해 봅니다. 그래서 뜨겁습니다. 뜨겁다 못해 타들어 갈지도 모르겠습니다만 우린 기꺼이 그러하겠습니다.

아름다운 시인이 아니라 시의 아름다움을 전하는 시인들이니까요.

낮달이 선명한 가을날
하두자

■ 차 례

미루의 창을 열며

축사

문효치	미루, 그 양양한 시의 벌판	20
한영옥	시의 벌판에서 오래오래 시를 거두기 기원하며	24
공광규	'시의 바다'를 향해 같이 흘러가길 바랍니다	28

초대의 자리

김성춘	라틴어 수업	34
송종규	죽은 새를 위한 메모	38
김정수	밥물	42
박형준	길마다 나무들이 있는 게 참 다행이다	46
고두현	망덕포구에 그가 산다 -윤동주 유고 지킨 정병욱의 전언	50
손택수	각얼음	54
천수호	사월의 것을 그대로 두어요	58

미루

하두자	**근작시**	시를 나, 체로 쓰는 법	64
		계단의 증후군	66
		영동에는 사과꽃이	68
		오지리	70
	신작시	니스	72

유현숙	**근작시**	한하운을 읽는 밤	76
		빗소리	78
		고독한 여름	80
		자기소개	82
	신작시	느닷없이	83

신새벽	**근작시**	재배치된 풍경	86
		말 걸지 마세요, 낯섦을 건디는 중입니다	88
		발코니 블루스	90
		떠도는 빗방울을 찾으러 갑니다	92
	신작시	네, 오늘을 읽는 중입니다	94
김선아	**근작시**	후생後生	98
		주먹인사	99
		사춘기	100
		싱싱한 혀를 꿈꾸다	101
	신작시	아이스아메리카노로 주세요	102
김밝은	**근작시**	꽃나무와 아이들 -이중섭을 생각하며	106
		애월涯月을 그리다 20	108
		꽃들의 장례식	109
		책 무덤으로 들어가는 여자	111
	신작시	참, 눈물겹기도 하지 -선유도에서	113

금시아	**근작시**	하루, 그리고 도꼬마리 씨	116
		노을을 캐다	118
		제발 내버려 두렴, 나의 우주를	120
		갑골문자	121
	신작시	콧잔등 얼큰한	123

강빛나	**근작시**	처음을 늘 마지막처럼 말하고 -아프로디테	128
		문어	130
		호수에 잠긴 달	132
		P2P	134
	신작시	꽃으로 보니 꽃	136

축사

문효치 　미루, 그 양양한 시의 벌판
한영옥 　시의 벌판에서 오래오래 시를 거두기 기원하며
공광규 　'시의 바다'를 향해 같이 흘러가길 바랍니다

문효치 미루, 그 양양한 시의 벌판

한영옥 시의 벌판에서 오래오래 시를 거두기 기원하며

공광규 '시의 바다'를 향해 같이 흘러가길 바랍니다

문효치

미루, 그 양양한 시의 벌판

■ 축사

미루, 그 양양한 시의 벌판

우리 신문학의 초창기는 동인지들이 우리 문학을 끌고 갔다. 일테면 『창조』『폐허』『백조』『영대』『금성』『시인부락』『장미촌』 등이 그것이다. 이들 동인지는 우리 문학인들의 중요한 활동무대였으며, 우리 문학을 이끌어가는 향도였다. 특히 시에서는 이러한 동인지들이 창작에너지의 근원지였으며 많은 시인이 이 에너지에 힘입어 시를 썼다.

동인지 활동의 장점은 잡지를 운영하는 편집자들의 눈치를 보지 않고 자유롭게 창작활동을 할 수 있으며, 비슷한 시관을 가지고 공동의 문학적 지향을 향해 기상을 펼칠 수 있다는 점이다.

등단지, 문단 연조, 작품 성향 등을 따지면서 필자를 선정하는 것이 대체로 문예지들이 보이는 청탁의 조건들인데 동인지에서는 그런 조건에 구애받지 않고 마음껏 글을 쓰고 발표할 수 있으니 시인들에게는 매우 좋은 활동 마당이라 할 것이다. 실험을 하든 전위를 하든, 아니면 전통을 하든 그것은 동인들의 뜻대로 하면 된다.

〈미루〉 동인회가 새로 출범한다고 한다. 크게 박수를 보낸다. 각 동인의 개성적, 시적 발언이 기대된다. 이러한 시적 발성의 총화가 〈미루〉의 성과이며 이러한 성과는 곧 한국문학의 발전에 기여하게 될 것이다.

바라건대, 성격이 확실한 동인지, 장수하는 동인지가 되기를 부탁하고 싶다. 그러기 위해서는 동인들의 화합과 열정, 그리고 끊임없는 공부가 필요하리라고 생각한다.
 '미루', 그 양양한 시의 벌판에 첫걸음을 내딛는 〈미루〉의 오늘과 내일에 언제나 건필과 문운을 빈다.

문효치(시인 · 미네르바 대표)

문효치　미루, 그 양양한 시의 벌판

한영옥　시의 벌판에서 오래오래 시를 거두기 기원하며

공광규　'시의 바다'를 향해 같이 흘러가길 바랍니다

한영옥

시의 벌판에서 오래오래 시를
거두기 기원하며

■ 축사

시의 벌판에서 오래오래 시를 거두기 기원하며

　시의 벌판을 함께 걸어가자고 손에 손을 잡으셨습니다. 그 숭고한 모습들 불러 놓고 두근거리는 마음으로 이 글을 쓰고 있습니다. 9월의 막바지, 아직은 초록이 더 승한 때입니다. 한풀 꺾은 초록의 색감이 푸근하게 열매들의 물드는 시간을 돋궈주는 그런 풍경들을 바라봅니다. '미루' 동인들의 모습이 물들어가는 열매들과 겹칩니다. 아마 첫 동인지가 나올 즈음엔 가을이 깊어져 열매들은 바구니에 듬뿍 담겨 있으리라 짐작합니다.

　시를 향한 걸음에 박차를 가하려는 간절한 마음이 '미루'를 탄생시킨 연유였으리라 생각합니다. 문득 동인 활동을 한 적이 있었던 옛 시절을 돌이켜 보게 되었습니다. 그때의 열망, 그 간절했던 염원의 빛깔이 아직도 선연히 떠오릅니다. 서로 모서리를 없애고 부드럽게 만나 시를 모아들이고 앤솔로지를 만들며 같은 곳을 바라보는 사심 없는 무위無位의 공동체, 이만한 공동체를 우리네 삶, 어디서 꿈꿔볼까요. 우리 시 쓰는 사람들만이 누릴 수 있는 행운일 겁니다. 우리만이 감각할 수 있는 그 뿌듯함의 향유는 우리만의 은밀한 특권일 겁니다.

　이제 '미루'의 식구들은 각자의 시를 성숙시키는 길과 함께 또한 사람 모임의 의미를 완성해 가는 만만치 않은 결심을 모았습니다. 그럼에도 분명히 값진 여정이 될 것입니다. 시라는 끈끈한 인연으로 엮은 든든한 밧줄을 붙잡고 나선

길이기 때문입니다. 서로의 격려와 서로의 응원으로 '미루'의 작품들이 달고 풍성하게 익어갈 것을 내다보며 미리 즐겁습니다.

 시 쓰는 우리들은 언어를 끌어모아 뭉치고 주무르며 최선의 형상을 향한 목마름에 젖곤 합니다. 이어 겨우 윤곽이 그려질 듯하던 형상이 무너져버리는, 낭패를 겪곤 합니다. 그런 곤경들을 오히려 디딤돌로 놓고 힘차게 일어서는 벌판, 시의 영토가 일렁이고 있습니다.

 부디 시의 벌판에서 오래오래 시를 거둬 주십시오. 한없는 뿌듯함의 공동체, 시의 공동체가 되어주십시오.

한영옥(시인)

문효치　미루, 그 양양한 시의 벌판

한영옥　시의 벌판에서 오래오래 시를 거두기 기원하며

공광규　'시의 바다'를 향해 같이 흘러가길 바랍니다

공광규

'시의 바다'를 향해
같이 흘러가길 바랍니다

■ 축사

'시의 바다'를 향해 같이 흘러가길 바랍니다

　제가 존경하는 하두자, 강빛나, 금시아, 김밝은, 김선아, 신새벽, 유현숙 선생이 모인 시동인 미루 창간호 발간을 축하합니다. 이미 지면을 통해 시로 만났던 일곱 분이 '시를 사랑하는 마음 하나로 시의 벌판을 함께' 걸어가는 첫 발짝을 떼신 것에 박수를 보냅니다.
　일곱 분 7은 생명과 행운의 숫자입니다. 7은 고대부터 인간의 길흉과 생명을 주관하는 북두칠성의 의미를 인간세계로 옮겨온 것이어서 남다른 의미가 있습니다. 우리 문단에 활력과 행운을 돌려주시기 바랍니다.
　이 글을 쓰다 보니 갑자기 '논어' 양화편이 떠오릅니다. 공자가 이렇게 말씀하셨습니다. "너희들은 어찌하여 시를 배우지 않느냐. 시는 뜻을 일으킬 수 있으며, 잘잘못을 살필 수 있으며, 무리를 지을 수 있으며, 원망할 수 있다"라고 했습니다. 흥관군원興觀群怨의 시학입니다.
　공자가 나름대로 정리한 4가지 시의 기능입니다. 사람마다 해석은 조금씩 다르지만, '흥'은 독자의 감정을 자극해 마음을 일으키는 것, 즉 독자가 시를 읽고 연상과 사유와 흥미를 통해 스스로 감정을 고조시키게 하는 것입니다. '관'은 사물의 본질을 꿰뚫어 보는 것, 즉 시를 통해 자연과 역사와 인생과 사회 현실의 진실을 파악하게 하는 것입니다.
　'군'은 모여서 무리를 이루는 것, 즉 시를 가지고 여러 사람이 모여서 자신의 생각과 느낌을 이야기하고 정보를 공유하면서 친

교를 가지는 것입니다. '원'은 원망한다는 뜻인데, 시가 사회 제도나 정치, 관습, 풍습, 풍속에 대한 불만 등 감정을 털어놓는 것입니다.

그러니까 시동인 〈미루〉는 홍관군원 가운데 '군'을 구체화한 것인데, 이미 우리의 옛 선배들이 공부했던 '시사詩社'나 '동인'과 다를 바가 없습니다. 이런 모임은 자신의 시를 발전시키는 좋은 동력이 됩니다.

제 경험으로 보면, 등단 이전이든 이후든 혼자 시 쓰기는 매우 어렵습니다. 그래서 수강료나 회비를 내고 '강제성'을 사는 것입니다. 무리에서 빠져나와 혼자가 되는 순간, '나태'라는 맹수에 잡아먹힐 확률이 매우 높습니다. 느슨해지면 쓰기 감각과 현실 감각을 잃어버리게 되고, 이 느슨함이 반복되면서 시인은 저물기 시작한다는 생각입니다.

한 방울 한 방울 이슬이나 빗방울이 모여서 작은 도랑을 만들고 냇물을 만들어 강물로 흘러가 바다에 이르듯, 시의 바다를 향해 같이 흘러가시기 바랍니다. 동인을 통해 무리를 이루어 서로의 일상과 시를 얘기하고, 카페에서 수다를 떨고, 같이 여행을 가고, 술집이나 노래방을 다니면서 같이 '시의 바다'로 흘러가기 바랍니다.

동인 미루, 모임 미루, 집단 미루를 통해 현재 생활 감각, 쓰기 감각을 유지하셔서 개인의 발전과 집단의 발전으로 문단에 많은 활력과 행운을 가져다주시길 바랍니다. 감사합니다.

공광규(시인)

초대의 자리

김성춘
송종규
김정수
박형준
고두현
손택수
천수호

김성춘 라틴어 수업
송종규 죽은 새를 위한 메모
김정수 밥물
박형준 길마다 나무들이 있는 게 참 다행이다
고두현 망덕포구에 그가 산다 _윤동주 유고 지킨 정병욱의 전언
손택수 각얼음
천수호 사월의 것을 그대로 두어요

김성춘

라틴어 수업

라틴어 수업

혹, '죽은 시인의 사회' 영화 기억나세요?
카르페 디엠!
-오늘에 집중하고 현재에 살라
키팅 선생께서 첫 시간, 제자들에게 온몸으로 가르치던 말
그리고 또
메멘토 모리!
-죽음을 기억하라
그리고
향기 나는 선사의 설법 같은
도 우트 데스!
-네가 주니까 내가 준다
이 말 속엔
머리에서 가슴까지 사랑이 내려가는데
무려 70년이나 걸렸다는
김수환 추기경의 뭉클한 말씀도 비치는데요
숨마 쿰 라우데!
-최 우등

선사의 법어 같은 시냇물 소리
새 소리
귀 기울이면 낙엽 밟는 소리도 가만히 들리는
오랜 내 친구 같은

오오
청청한 영혼의 빛이여.

* 카르페 디엠 carpe diem 오늘에 집중하고 현재에 살라
* 메멘토 모리 memento mori 죽음을 기억하라
* 도 우트 데스 do ut des 네가 주니까 내가 준다
* 숨마 쿰 라우데 summa cum laude 최고의 우등

김성춘
1974년 『심상』 제1회 신인상(박목월, 박남수, 김종길 공동 선). 시집 『길 위의 피아노』 등.
한국가톨릭문학상, 최계락문학상, 국제펜문학상 등 수상.

김성춘　라틴어 수업
송종규　죽은 새를 위한 메모
김정수　밥물
박형준　길마다 나무들이 있는 게 참 다행이다
고두현　망덕포구에 그가 산다 _윤동주 유고 지킨 정병욱의 전언
손택수　각얼음
천수호　사월의 것을 그대로 두어요

송종규

죽은 새를 위한 메모

죽은 새를 위한 메모

 당신이 내게 오는 방법과 내가 당신에게 가는 방법은
 한 번도 일치한 적이 없다
 그러므로 나는 어떠한 전언 때문이 아니라, 하나의 문장이 꽃봉오리처럼 터지거나
 익은 사과처럼 툭 떨어질 때
 비로소 당신이 당도한 걸 알아차린다
 당신에게 가기 위해 나는 구름과 바람의 높이에 닿고자 했지만
 당신은 언제나 내 노래보다 높은 곳에 있고
 내가 도달할 수 없는 낯선 목록에 편입되어 있다
 애초에 노래의 형식으로 당신에게 가고자 했던 건 내 생애 최대의 실수였다
 이를테면, 일종의 꿈이나 허구의 형식으로 당신은 존재한다

 모든 결말은 결국 어디에든 도달한다 자, 이제 내가 가까스로 당신이라는 결말에 닿았다면
 노래가 빠져나간 내 부리에 남은 것은 결국 침묵,

 나는 이미 너무 많은 말을 발설했고 당신은 아마
 먼 별에서 맨발로 뛰어내린 빗줄기였을 것이다
 〈

오랜 단골처럼 수시로 내 몸에는
햇빛과 바람과 오래된 노래가 넘나들고 있다

송종규

1989년 『심상』 등단. 시집 『녹슨 방』 『공중을 들어 올리는 하나의 방식』 『고요한 입술』 등.
대구 문학상, 대구시 문학상, 애지문학상, 웹진 시인광장 문학상, 이상시문학상 등 수상.

김성춘 라틴어 수업
송종규 죽은 새를 위한 메모
김정수 밥물
박형준 길마다 나무들이 있는 게 참 다행이다
고두현 망덕포구에 그가 산다 _윤동주 유고 지킨 정병욱의 전언
손택수 각얼음
천수호 사월의 것을 그대로 두어요

김정수

밥물

밥물

　밥솥에 쌀을 안치고는 손바닥을 가만히 올려놓습니다 손등에 찰랑이는 밥물과 손바닥 아래 수런거리는 쌀알을 가만히 누르고는

이제 뚜껑을 닫아야 한다며
무척 뜨거울 거라며

다독
다독

눈대중으로 할 수 있는 일을
굳이
손으로 하는 까닭입니다

밥물을 맞춰
눈물을 닦아주는

김정수

1990년 『현대시학』 등단. 시집으로 『사과의 잠』 『홀연, 선잠』 『하늘로 가는 혀』 『서랍 속의 사막』. 경희문학상 수상.

김성춘　라틴어 수업
송종규　죽은 새를 위한 메모
김정수　밥물
박형준　길마다 나무들이 있는 게 참 다행이다
고두현　망덕포구에 그가 산다 _윤동주 유고 지킨 정병욱의 전언
손택수　각얼음
천수호　사월의 것을 그대로 두어요

박형준

길마다 나무들이 있는 게 참 다행이다

길마다 나무들이 있는 게 참 다행이다

나무들은 가뭄을 어떻게 견딜까
물은 어디서 구할까
호수는 먼데
양동이도 없이,
찰랑찰랑 들리는 물소리를
새들은 어떻게 기억하고 날아와
가지를 쪼는 걸까

어떤 외국 시인은 산책을 하다
펜이 없는 걸 알고는 다음 산책 때 연필을
나무 몇 그루에 숨겨놓았다고 하는데
그 연필 끝에선 꽃이 피는 걸까
빗방울이 떨어지는 걸까

꽃이 떨어지는 속도와
빗방울이 떨어지는 속도는 다르겠지만
그것이 나무에 숨겨놓은
연필 끝에서 떨어지는 소리라면

땅만 쳐다보고 걷던 시절엔
시멘트건 흙길이건
모든 게 하나의 수첩처럼 보였지

아무도 읽지 않는 글씨들이
바닥에 자욱해 그 길을 따라 걷다 보면
어느새 다른 누군가가 세를 살고 있는 옛집이 나타나고
방문의 커튼이 흔들릴 때마다
그 안의 불빛 속에서 어른대는 그림자를 보았지

내가 집에 있나 하고
엿보는 그런 사람을 거꾸로 상상하면서

그때 길마다 나무들이 있는 게 참 다행이라고 생각을 했지

다음 산책엔 나도 나무 몇 그루에 연필을 숨겨놓아야겠다
밤공기를 밟듯 좋은 시를 꾹꾹 눌러쓰는 상념에 젖어
나무 밑을 싫증이 나도록 홀로 걸어봐야겠다

박형준

1991년 한국일보 신춘문예 당선. 시집 『나는 이제 소멸에 대해서 이야기하련다』 『빵 냄새를 풍기는 거울』 『물속까지 잎사귀가 피어있다』 『춤』 『생각날 때마다 울었다』 『불탄 집』 『줄무늬를 슬퍼하는 기린처럼』. 소월시문학상, 육사시문학상, 유심작품상 등 수상.

김성춘　라틴어 수업
송종규　죽은 새를 위한 메모
김정수　밥물
박형준　길마다 나무들이 있는 게 참 다행이다
고두현　망덕포구에 그가 산다 _윤동주 유고 지킨 정병욱의 전언
손택수　각얼음
천수호　사월의 것을 그대로 두어요

고두현

망덕포구에 그가 산다
_윤동주 유고 지킨 정병욱의 전언

망덕포구에 그가 산다
- 윤동주 유고 지킨 정병욱의 전언

섬진강 물굽이가 남해로 몸을 트는
망덕포구 나루터에 어릴 적 내 집이 있네.
강물이 몸을 한껏 구부렸다 펼 때마다
마루 아래 웅웅대며 입 벌리는 질항아리
그 속에 그가 사네.

강폭을 거슬러 올라 서울 가던 그해
압록강 먼저 건너 손잡아 준 북간도 친구
함께 헤던 별무리처럼 그가 지금 살고 있네.
시집 원고 건네주며 밤새워 뒤척이다
참회록 몰래 쓰고 바다 건너 떠난 그를
학병에 징집되어 뒤따라가던 그날 저녁
어머니 이 원고를 목숨처럼 간직해 주오
우리 둘 다 돌아오지 못하거든
조국이 독립할 때 세상에 알려주오

그는 죽고 나는 살아
캄캄한 바닷길을 미친 듯이 달려온 날
어머니 마룻장 뜯고 항아리에서 꺼낸 유고
순사들 구두 소리 공출미 찾는 소리
철컥대는 칼자루 밑에 숨죽이고 견딘 별빛
행여나 습기 찰까 물안개에 몸 눅을까

볏짚 더미로 살과 뼈를 말리던 밤이
만조의 물비늘 위로 달빛보다 희디희네.

후쿠오카 창살 벽에 하얗게 기대서서
간조의 뻘에 갇혀 오가지 못하던 그
오사카 방공포대서 살아남은 나를 두고
남의 땅 육첩방에 숨어 쓴 모국어가
밤마다 우웅우웅 소리 내며 몸을 트네.
하루 두 번 물때 맞춰 아직도 잘 있는지
마룻장 다시 뜯고 항아리에 제 입을 맞추는
그가 거기 살고 있네.

고두현

1993년 중앙일보 신춘문예 당선. 시집 『늦게 온 소포』 『물미해안에서 보내는 편지』 『달의 뒷면을 보다』 『남해, 바다를 걷다』 등. 유심작품상, 김만중문학상, 시와시학 젊은시인상 등 수상.

김성춘 라틴어 수업
송종규 죽은 새를 위한 메모
김정수 밥물
박형준 길마다 나무들이 있는 게 참 다행이다
고두현 망덕포구에 그가 산다 _윤동주 유고 지킨 정병욱의 전언
손택수 각얼음
천수호 사월의 것을 그대로 두어요

손택수

각얼음

초대의 자리

각얼음

소파에 함께 누워있던 강아지가 축 처진 귀를 쫑긋, 한다
제 딴엔 뭔가 일어났다는 표정이다
거실 한 바퀴 돌아보고, 소파 아래를 두리번,
젖은 코를 발씬, 괜한 커튼 뒤를 탐문해 보고,
뭐지, 식탁 의자 위로 폴짝 뛰어오르더니
제법 마약 탐지견의 자세로 식탁보를 킁킁거린다
무료한 식탁보가 심각해진다
식탁보의 무늬가 당초무늬였구나
강아지는 코를 킁킁거리더니 마침내
물컵을 주시한다
물컵 속의 각얼음이 초상화 모델처럼
표나지 않게 찬찬히 자세를 허무는 걸
참을성 있게 지켜보고 있다

얼음 사이로 반짝
녹아 떨어지는 눈빛을 하고
자세를 바꾼다 나도
각을 잡고 앉아

손택수

1998년 한국일보 신춘문예 당선. 시집 『어떤 슬픔은 함께할 수 없다』 『목련 전차』 『나무의 수사학』 등. 신동엽문학상, 오장환문학상, 임화문학예술상, 조태일문학상 등 수상.

김성춘　라틴어 수업
송종규　죽은 새를 위한 메모
김정수　밥물
박형준　길마다 나무들이 있는 게 참 다행이다
고두현　망덕포구에 그가 산다 _윤동주 유고 지킨 정병욱의 전언
손택수　각얼음
천수호　사월의 것을 그대로 두어요

천수호

사월의 것을 그대로 두어요

사월의 것을 그대로 두어요

절반으로 가를 줄 몰라서 산이라 했지요
그땐 그랬어요

한 모금을 뱉어내고 한입 가득 머금은 것을 골짜기라 했지요
모를 때의 일이어요

긴말이 필요 없을 때였어요

충격을 가했던 자리에만 생강나무꽃이 터진다고 생각했으니까요

그래서 아프다 말하는 사람을 끝까지 잡지 못했어요
당신 몸에서 생강냄새 나는 꽃이 터질까 봐요

꽃이 얹히면 다 내 것인 줄 알았던 시절이 있었다고
처음으로 내가 모르는 말을 할 때도
산을 가를 생각은 꿈에도 없었어요

피를 흘리는 것은 이미 뒤늦은 사태라는 것을
진달래가 피기 전에는 몰랐거든요
〈

역병을 밟고 줄줄이 삭정이 되어버린 가지를 헤치며
세상 비겁한 일이 아플 때 놓는 일인 것을
잎에게도 물어보지 못한 두어 마디 말로 이별인사를 했지요

오늘 갔지만 오래전에 보낸 사람이라 해두어요

꽃도 놓고 잎만 단 채 하늘을 꺾어버린 가지 때문에
핏물이 고여서 이름이 된 사월이 있었다는 걸 겨우 알게 되었지요

반반 잘 나누려고 구름이 한 번 치고 가는 산을
내가 어찌 사월의 것이라 할 수 있겠어요

천수호
2003년 조선일보 신춘문예 당선. 시집 『아주 붉은 현기증』 『우울은 허밍』 『수건은 젖고 댄서는 마른다』. 매계문학상 수상.

미루

하두자
유현숙
신새벽
김선아
김밝은
금시아
강빛나

근작시 시를 나, 체로 쓰는 법

계단의 증후군

영동에는 사과꽃이

오지리

신작시 니스

하두자

세상 모든 일이 눈부심으로 다가와 간절하고 궁금했으면, 내 글이 작고 사소해도 반짝임으로 가득하기를···.

근작시

시를 나, 체로 쓰는 법 외 3편

스카프를 벗다가 스커트를 벗다가
왜 모두를 벗어야 하는지

수요일 밤을 벗다가
금요일 밤을 벗다가
일요일까지 벗어던진 내가
무엇을 더 벗어야 하나

속의 옷을 벗어야 진짜 시가 됩니다
알몸을 두려워하지 마세요

이유와 상관없이 아무렇지도 않은 것들이
이유가 돼서 손을 내미는 밤이 계속된다
나는 아직도 내가 부끄러운데
시는 아직 벗길 게 남아 있다는 듯 여전히 집요하다

스카프를 둘러도 스커트를 둘러도
머릿속은 점점 건조해지고
처음부터 알몸인 나를 시는 알아보지 못하고
수요일 밤에 시를 쓰고 금요일 밤에 퇴고를 해도
일요일의 시는 아무렇지도 않게 버려진다

〈
아무것도 걸치지 않았잖아요
알몸과 맨몸의 차이를 아직도 모르는군요

요절작가의 목소리가 나를 계속 추궁한다

시집을 덮는다
사흘째 불면인데도 마주하는 모니터는 너무나 선명하다

계단의 증후군

생각도 접히면 부러질까
휘청대는 이 환한 예감

계단이 무섭다

아코디언처럼 펼쳐진
계단으로부터
끝없이 달아난다

자라나는 계단에서 누가 날 악보처럼 읽어낼까
계단 속에 또 하나의 계단이 웅크리고 있어
접촉과 경계의 혼란에서
무너져 내리는 건 음표만이 아니다

튀어 오르는 경중경중한 뼈들
계단이 쫓아온다

육교 지하철 사다리
도처에 직각의 방식으로 깔린 알리바이

다가갈수록 모서리가 뜯겨나가는 골목

유리창을 만지면 무릎은 다른 방향으로
손 내밀어 만진 네 발목이 이름을 부른다

아직 복원되지 않는 비난 연민 비참 등등이
이제 모두 계단으로 보이는데

계단 끝엔 왜 꼭 집이 있고
내 앞에서
당신은 언제부터 계단이었나

영동에는 사과꽃이

사과밭에 사과꽃이 피고
나는 카페에 앉아 바삭한 사과파이를 먹는 사람

영동의 사과밭엔 아버지가 수정 약한
꽃들의 생리적 낙과를 걱정하고
사과꽃이 피는 언덕으론 비가

일기예보보다 조금 더 내리는 비가
잠깐 열어놓은 창문을 닫을 수도 열 수도 없이

사과꽃 아래서 비에 잠긴 아버지가
연분홍으로 얼룩진 꽃잎을 밟으며 기침을 한다

나는
사과꽃과 아버지 사이가 꽃과 아버지로 변했으면 해
아무렇지도 않게 모두의 빗방울을 매달고
있는 사과나무를 지우며
이제, 그만 과수원을 화원쯤으로 생각하세요
문자를 보내고 싶어지는 사람

그러나 아버지는 사과라면

한 오백 년의 먼 길도 마다하지 않고 갈 사람

영동에는
안녕? 안녕? 떨어질 비가 내리고
나는 카페에 앉아 실패한 안녕을 썼다 지우는 사람

해마다 영동에는
사과꽃처럼 피었다 지는 아버지가
솎아내도 생리적 낙과는 어쩔 수 없다면서
현재형으로 매달려 계시고

오지리

오지리 하고 낮게 부르면
모지리 같은 마음이 풀썩거리는

학암포나 도리포구 같은 자그마한 포구를
혼자여도 좋고 누구와도 좋을
갯길을 말없이 걷다가

한 포구에서
신발을 벗어 던지고 헐렁이는 바지에 맨발로
통통배를 타고 가볍게 가볼 수 있는
오지리

삭아서 너덜거리는 폐염전 소금 창고에선
기억이 기억을 덮고 있어
추억이 아직도 하얗게 마르고 있는지 들여다보다가
잠깐 주저앉아 봐도 되겠지

갯바람이 불어와 나를 밀어내면
잔손금 같은 염전 길 따라 걸으며
오벤바흐 첼로 소리로 바람맞는 어깨를 감싸고
펄럭이는 악보가 날아가지 않게 가슴을 여며야 하는

〈
떠나는 것들에게서 슬픔의 간수를 빼주는
저 홀로 무성한 오지리
함께 갈까?

다시 물어볼 수 없는
어때, 오지리?

신작시

니스*

역에는
카레이스 경주가 있는
모나코로 떠나는 사람들로 붐볐고

때때로
파리 모나코 칸 마르세유로 가는 이들을 위해
플랫폼은 잠깐잠깐 하나의 배경이 되었다

나는 역에서 나와
윤슬이 반짝이는 바다로 갔다
차양 아래서 파도에 귀를 열어놓았을 땐
새 한 마리
바다 한 귀퉁이를 물고 날아가는 것이 보였다

온통
웃고 첨벙이는 사람들
강렬한 햇살 아래서 식빵처럼 부풀어 오르는 사람들

이곳은
날씨보다 사람들이 먼저 맑게 개었고
바다로 나갔다 되돌아온 사람들은

젖은 몸으로 파도를 밀며 누워있었다

휘저으면 손에 묻는 따가운 햇살이
내 등을 타고 흘러내릴 땐
한 사람에 대한 그리움이 잠깐 일었지만
손에 묻은 모래를 털듯
흰 물보라 일으키는 파도로 향했다

한동안 나는
마음의 궤적까지 빠짐없이 기록되는
이곳에 머물 작정이다

* 니스 : 프랑스의 휴양도시.

하두자

1998년 『심상』 등단. 시집 『물수제비 뜨는 호수』 『물의 집에 들다』 『불안에게 들키다』 『프릴 원피스와 생쥐』 등.

근작시 한하운을 읽는 밤

빗소리

고독한 여름_竟

자기소개

신작시 느닷없이

유현숙

　귀얄붓으로 백토를 찍어 칠하면 도자기 면면에 붓자국이 생생하게 꿈틀댄다지. 강약과 청암과 원근뿐만 아니라 향기와 색채까지 펄떡펄떡 튀는 시를 쓸 수는 없을까.

근작시

한하운을 읽는 밤 외 3편

1.
오래되고 얇은 보리피리다
초록은 짙고 해당화 꽃잎이 바람에 부서지는 남도南島
한 번도 웃어 본 일이 없다는
한 번도 울어 본 일이 없다는
가고 없는 시인의 고백에는
그가 방랑한 몇 바퀴의 산하山河가 있다
1987년 발간된 단행본에는 누덕 진 옷에 깡통을 든 삽화가 고백보다 더 처절한 자화상自畵像인데
황톳길 넘어가는 저녁놀은
장腸이 뒤집힐 만큼 붉고 곱기만 하다

머리를 긁다 보니 간밤 얼었던 손가락 한 마디가
툭 떨어져 나가더라는 남자
살아내는 일이 이토록 높고 슬픈가

떨어져 나가지도 않은 내 손마디를
지혈하듯 움켜잡고
바닥에 고인 슬픔의 한 빛깔을 들추어 읽는다

2.
얼어 떨어진 손가락 마디를 주워들고 남자는 지금도 어느 산하를 떠도는지

3.
황톳길 너머 노을이 붉어지는 동안
발가락 두 마디가 자갈길에 파묻히는 동안
까마귀가 노을 속으로 사라지는 동안
이 붉은 길이 다 닳는 동안
별 뜨는 서쪽으로 다가앉는 동안
풍화되고 뭉개진 마애불이 된 남자
비우지 못한 한 단락 기도를 제 몸 빈자리에
장엄하게 자문刺文하고 있는지

4.
누가 누구를
무엇이 무엇을
한 줄로 단정할 수 있겠는지

빗소리

  목이 마르다.
  타르타로스의 호수 한복판에서도 갈증 하는 탄탈로스처럼 나는 언제나

  처마 끝 단풍나무가 비에 젖는
  오대산 중대사자암에 들어 108배를 올렸다.
  부서지는 것을 두려워하지 말라! 되새길수록 무릎 아래에 눈물이 고이는 건
  어디에도 닻을 내리지 못하는 까닭일까.
  빗소리가 남긴 그림자의 빛깔에 대하여 골몰해 본다.

     이승길 다니러 오시는 기일상忌日床에 눈록嫩緣의 차 한 잔 올리는 저녁
  어머니 계신 길, 서쪽으로 삼천리를 가야 닿는 공간이라 했는데…
  장미목 다탁 위로 다정하고 맑은 바람이 머문다. 찻잔을 쥔 손끝에 찻물빛 스몄다.

  젊은 날, 목을 매단 친구의 죽음을 목도한 후로
  어떤 염세는 평생 허리 굽히고 고개 숙이게 했을까.
  젖은 나뭇잎들 아직도 속 뜰에서 수수거리고

나는 빗소리가 남긴 그림자의 빛깔과 수수 천리 저 너머의 공간에 대하여 생각해 본다.

주춧돌 젖으면 비가 오듯이 눈 감고 내가 깊어지면 사방팔방 뼛속까지 감지되는
기미機微, 그곳에 당신 있어
나는 구름을 거머쥐고 마른 목청으로 그대를 채색한다.
새벽에는 바람을 닫고 돌아앉아 진공관에 불을 붙였다. 강물 속으로 걸어 들어간
한 음악가의 생을 더듬는 일, 그를 듣는 일*은
파인 허공의 그림자 한 장을 걷어내는 일, 바람을 품어 부드러워진 댓잎이 되는 일
입 닫고 장마저 비우고야 긴 잠드는 개구리를 생각하는 일
사람이 짓고 사람이 허문 경계에 대하여 질문하는 일
비로소 한 수유須臾**의 적막에 물드는 일이리

* 슈만의 『첼로협주곡』은 라인강에 투신자살을 시도하기 전, 1850년에 작곡하였다.
** … 짧은 시간, 잠시.

고독한 여름
- 竟

대지가 들끓고 있소 두렁밭 상추마저 다 타버렸소
저녁 경에야 하늘이 먹구름을 몰고 오오
젖은 창가에 어른거리는 그대 그림자를 만지면
꽝꽝했던 관념이 비로소 붕괴*되고
내 눈과 귀는 혼미하오
적소의 살갗은 가파르기에 어떤 지목도 송곳도 스미지 못하오
무성했던 여름이 그대처럼 피었다 지고
지금은 새벽이오
자, 이제 듭시다
언덕배기 능소화도 망초꽃도 휘는 계절
우리들의 유배지, 오늘이라는 절도에는 바람 차고
미결의 파도만 드세오
어둔 해안에서 열 손가락 세워 보리밥 같은 모래를 파는 그대
영원이라는 모래, 모래라는 미래를 파는 그대
이곳은 달이 멀어져 가는 푸른 행성
파도소리 서늘한 해안에서 마침내** 그대 내리는 구릉
자욱한 안개 속으로 내가 젖어드오, 들어
모래굴에 갇힌 아름다운 함몰을
우리가 함께했던 계절을 다시 쓰겠소, 竟

* 붕괴 : 영화 〈헤어질 결심〉에서 박해일(해준 역)의 대사.

** 마침내 : 경(竟), 영화 〈헤어질 결심〉에서 탕웨이(서래 역)의 대사.

자기소개

중학교 밖에 못 나왔어요
그래도 정지 담살이하며 그쪽 일 하나는 참하게 배웠구만요
이적지 밥 굶지 않으며
변두리에 비바람 피할 거처 하나도 마련했어유
선생이 없어 평생 바닥이지만
예순 나이에 무서울 것도 부러울 것도 뭐 있것어유
봐유, 코로나도 못 덤볐잖어유

복지관 문예수업시간에 두 주먹 불끈 높이 쥐던
골드 남순 씨

신작시

느닷없이

디지털 메트로시티의 작은 카페 창가에 앉으면
낭만적인 밤이 된다
달빛에 더 아름다운 당신이 된다
카페를 나서 달무리를 이고 걷다 보면
상하좌우 나를 끌고 다니는 저 무엇
어느 저녁에 본 명동성당 뒷벽의 스테인드글라스는
또 하나의 만다라여서
밤늦도록 성당 계단에 쪼그리고 앉았던 적 있다
그대라는 별
그 행성에 닿기 위해 묵주를 굴리던 밤이었다
다시 홍제천 돌다리 위에 서면
물빛은
도심 차량들의 밤 질주에도 굳건히 제 빛을 지킨다
힘이 들어가면 자유롭지 못하다는 한 문장을 깨닫지 못해
아팠다
도크에 묶인 선박은 먼바다를 항해할 수 없다기에
슬펐다
매시간 지나는 밤 기적 소리는 둥글게 자라는 달을 누르고
배고픈 수형자는 최초의 발자국을 들고
갈 곳 없어 머뭇거린다

유현숙

2001년 『동양일보』, 2003년 『문학선』으로 등단. 시집 『몹시』 『외치의 혀』 『서해와 동침하다』. e-Book 『우짜꼬!』, 수필집 공저 『세상의 존귀하신 분들께』 등. 제10회 미네르바작품상 수상. 한국문화예술위원회 창작기금 수혜.

근작시 재배치된 풍경

말 걸지 마세요, 낯설음을 건디는 중입니다

발코니 블르스

떠도는 빗방울을 찾으러 갑니다

신작시 네, 오늘을 읽는 중입니다

신새벽

 시의 문을 몇 번쯤 열어야 할까요… 늘 문을 열지만, 그 안은 텅 비어 있을 때가 많지요, 그래도 어느 구석에 티끌의 미세한 소리에도 귀 기울이고 들여다보는 시인이 되어보렵니다.

근작시

재배치된 풍경 외 3편

다리 사이로 엉기어 치근대는 치마안감 같은 아침

오늘 정전기는 유독 기승을 부리고
여자는 들뜬 화장이 불만이다

기분 나쁜 주술을 가득 머금은 먹구름이
엉클어진 머리를 잡아당기고
잠의 뒷덜미에 부여 잡혀 스멀거리며 올라오는 물컹한 것들을
이팝나무아래 붉은 쌀밥을 쏟아놓는다

눈물과 젖은 입술을 훔친다

흑백의 정수리에 악필로 써놓은 소문들이
밤사이 먹물처럼 번진 것이다

여자는 추락을 두려워했다

휘어진 손가락을 닮은 산이 제각각 다른 온도로 바뀌어도
떠난 걸음들이 다시 돌아오지 않아도
오체투지로 코를 박고 엎드려 있는 시간을 믿었다

〈
미아가 되어버린 시간

위로가 되었던 키 큰 나무들조차
행간을 밀착시키며 수근거리고
여자를 관찰하는 눈빛들이 그늘에 숨어 가는 눈을 치켜
뜬다

어제와 오늘의 경계사이에서
누군가 복제한 풍경이 서늘히 등을 돌리고
소문과 소문의 숙주들이 발광하고 있다

말 걸지 마세요, 낯설음을 견디는 중입니다

Close, 작은 팻말이 걸려있는 가게 문틈 사이를 들여다봐요

입고 싶은 꽃무늬 원피스가 걸려있고 난 맨발이에요
누구의 흔적도 아닌 흔적들이 통증처럼 흔들리고 있어요

고체 같은 어둠 속에 뒷걸음치다 만난 푸른 새벽

접힌 발자국을 따라 읽을 줄 모르는 단어를 그려요
페이지가 늘어나고 얇아진 귀는 당신을 기다려 보지만
새들의 울음소리만 날카로워요

잘려 나간 고백들이 떠다니는 습지
위로가 되는 툰드라의 백조의 희디흰 깃털 하나가 날아
올라요
습기 가득했던 입술이 말라가고
약속이 깨진 조개껍질 속으로
푸치니의 음악이 스며들어 아픔을 다독이고 있어요

까만 재가 된 당신의 편지는 유리병 안에서 숨을 쉬고 있
어요
〈

잊고 있었던 서랍 속 립스틱을 바르고
노을이 온몸으로 스며들 때까지 강가에 누워
당신의 발자국 기다려요

발코니 블루스

그녀의 시선이 허공과
지나는 남자들을 번갈아 쳐다보고는
입술을 달싹인다

햇빛에 반짝이는 이마, 담배연기 속에는 그녀들의 헤픈 웃음이 풍화되고 있다

천이 벗겨진 낡은 소파에 앉아 팔짱을 낀 채
나긋이 오수를 즐기던 여자가 우리의 발자국 소리에 실눈을 뜬다

이름조차 없는 다방 안으로 들어서자
단정한 소파들이 차례로 놓여있고
매끄러운 시간들이 굴절된 빛들을 산란하고 있다

커피를 주문했다

동그란 양은쟁반에 보리차 같은 커피를 내려놓은 손톱엔 옅은 봉숭아물

위태로운 사랑이란 활자에 발끝 얹어 놓고 싶었을까

분홍빛 암호들이 분주히 떠다니고 있고
낯선 봉선화 화들짝 피어있는 역전다방

포도넝쿨이 감싸고 있는 발코니에서
날개를 다친 여자가 우리를 물끄러미 쳐다보고 있다

떠도는 빗방울을 찾으러 갑니다

비릿한 파도가 숨 막히게 지나간 갯벌

내 손바닥엔 검은 먹구름이 꼬깃꼬깃 접혀 있고
얼굴엔 비의 허물들이 붙어
시야가 엉킨 빗속을 난 홑겹이 되어 걷는다

낡은 기둥처럼 서 있던 당신의 표정이 떠오르고
눈길이 어디를 향하고 있었는지
미로에 갇힌 듯 몽롱한 뒷모습이 아른거릴 뿐

붉은 칸나의 얼굴로 풀어진 감정을 빗속에 푹 담그고
선을 넘을 듯 말 듯
캄캄한 목소리로 물컹거리는 한숨을 나에게 불어넣으며
검은 우울이 매일 당신을 얼룩지게 만든다고
혀 밑으로 지나는 금이 간 문장들을 뱉어놓고는
기척도 없이 바다로 미끄러져 들어갔다

어젯밤 찢어진 번개를 내려놓고 가버린 바닷가
허공에 한껏 부풀려진 당신의 독백도 사라진 지금

지느러미 없는 물고기처럼

웅크리고 토악질하며
선미船尾에 널브러져 있던 아주 오래전의 당신이
빗방울처럼 떠다니고

   체온이 다른 바다와 발가락 사이로 스미는 갯벌엔 절름발이 문장을 만들고 있다

신작시

네, 오늘을 읽는 중입니다

흰 벽의 문체들
어느 선한 종족이 써놓았는지 머뭇거림 없이 반듯하다

빼곡하고 촘촘하게 써 내려간 글씨들

또박또박 읽으려 애쓰지만 이내 글자들이 뒤섞이고
문장과의 힘겨운 줄다리기로
눈앞에 검은 껍질들이 떨어지고 있다

내 미간의 주름이 깊어지고
밀착이 금지된 간격 앞에 선 오늘의 난해한 해석

제멋대로 설치한 조명 아래
흐릿한 빛의 행간을 찌푸리며 보려 하는 나를
흑백사진의 화가 얼굴이 나를 바라보며
그냥 지나세요, 하는 듯하다

평론가의 거짓말이 선잠에서 깨어나
살짝 모음에 기대어 혀를 내밀고 있다

탈피한 나비가 신선한 그림자를 만들며

날아다니는 오후
읽지 못한 것들을 향해 난 새로운 표정으로 바꾼다

신새벽
2017년 『월간문학』 등단. 시집 『파랑 아카이브』. 제8회 시예술아카데미상 수상.

근작시 후생後生

주먹인사

사춘기

싱싱한 혀를 꿈꾸다

신작시 아이스아메리카노로 주세요

김선아

'나'라는 화자를 버리고 '나'의 바깥, 즉 타자를 살펴 되살리는 시를 쓰고 싶다. 물질과 생명이 내는 침묵의 소리를 고요하게 들을 줄 아는 시인이고자 한다.

근작시

후생後生 외 3편

저 겨울나무, 움켜쥐었던 열망 모두 반납하고 기도처까지 헐어냈다지. 그 자리는 북풍 빠져나가기 좋게 성근 그물이었다가, 팔만 가닥 햇살 광맥 가두기 좋게 짱짱한 그물망이었다가, 황조롱이, 청색딱따구리, 쇠박새 휘어이 날아가라며 빼먹기도 하고, 일부러 찢기도 한 그물코였다가

겨우내 망가진 그물 보수하느라 심장으로 땀 줄줄 흘리는 다한증나무, 힘줄 불끈 솟는 근육질나무 되었다지. 그 땀에 근육 섞으면, 내부수리용 자재 중 최상품이 된다는데

누군가에게 크게 혼쭐난다 해도, 근육질나무, 다한증나무의 그물에 걸린 산벚나무 꽃가지 하나가 내 후생이었으면 해.

주먹인사

 만나자, 드디어 문자가 왔다. 못 말리는 당신, 손깍지 끼고 새벽기도 서로 입혀주며 싱싱해지겠구나. 진눈깨비에 무지개 흘러들어 내 업보 밝아지겠구나. 당신 심장에 고여 있던 은하수, 그 짜릿한 체온에 내 시야 촉촉해지겠구나.

 무슨 독설일까, 함정일까. 그리움을 드높이 존중해 온 나에게 당신은 불쑥 주먹을 내밀었다. 고독이 포물선을 그리며 절정을 향해 날아가는 동안, 그리움은 이미 활주로 같은 기다란 빙판길이었다.

 멸치 떼처럼 반짝이는 그리움 몰아넣고 꽉 묶은 어망 매듭, 그게 당신 주먹이었으면 했다. 그토록 당신이 그립다.

사춘기

　종로4가 먼 친척집에서 중학교를 다닐 때였습니다. 하숙이라 말씀드렸으나 선생님은 굳이 가정방문을 오셨습니다. 후에야 알았습니다. 그곳은 홍등가. 마침 주인아주머니는 외출 중이어서 복숭아를 예쁘게 깎아내 온 건 아래채 경이 언니였습니다. 조그마한 복사꽃 빛깔 무릎 앞에서 선생님 손등은 점점 붉어져갔습니다. 여름방학 무렵, 선생님이 건네주신 편지를 경이 언니에게 건네자, 편지의 분홍빛 물감이 스르르 번져 내 하얀 치마에까지 옮아왔고, 하필 나는 그날 그 하얀 치마에 초경을 쏟았습니다. 그러자 경이 언니는 안절부절못하고 흐느끼는 내 초경을 삶아 하얗게 말려주었습니다.

　슬픔이란 삶아서 하얗게 말려 쓰는 것임을 그때 알았습니다.

싱싱한 혀를 꿈꾸다

 내 노래는 미완성. 내 혀는 비눗방울. 혀 속에서 우글거리는 거품은 흉몽이었다. 목숨이 흙에 파묻혀도 진실을 노래하는 자의 혀는 끝끝내 싱싱할 거라던 옛이야기를 먼 폭포에 가서야 확인했다. 깊은 산속 폭포수의 혀는 싱싱하였고, 거침없는 진성(眞聲)으로 내 혀의 흉몽을 큰북 치듯 쳐댔다. 마침 폭포수 뒤편에 둥지 튼 붉은깃찌르레기 소리 나지막이 들려왔다. 붉은 깃의 그 새소리는 먼저 진심을 내밀고, 다음엔 심장을, 그다음엔 혀 내밀기를 반복하며 곡조를 완결해가고 있었다. 다음 또 그다음 생의 진심까지 빌려와도 여전히 허탈한 가성(假聲)이고 비눗방울인 내 혀는 언제쯤 그 완결본의 진실을 알아챌 수 있을까.

신작시

아이스아메리카노로 주세요

그녀는 연년생 남동생이 태어난 날 호적에 올랐단다,
남동생의 쌍둥이 여동생으로.

비로소 실존인물이 되었단다.

태어나자마자 세상 떠난 첫아들
장손 자리에 그녀를 올리지 않고 미적미적했더란다.

올 백을 받아도 눈길 한 번 주지 않더란다.

시집가서 내리 아들 셋 낳자
난생처음 금반지 하나 받았단다.

열셋에 고깃집 불판부터 닦았다는 그녀
맛집 주인 되어 가장 노릇 쩍지게 하는
이날 입때까지
찬밥,
찬바닥,
찬물,
찬바람.
〈

열탕은 질색이란다.

수증기로 증발해 세상에 없는 가상인물 될까 봐
잿가루로 풀풀 사라질까 봐.

지금도 남동생에게 오빠, 한단다.

김선아(金善雅)
2011년 『문학청춘』 등단. 시집 『얼룩이라는 무늬』 『하얗게 말려 쓰는 슬픔』. 제3회 김명배문학상 수상. 2023년 한국문화예술위원회 문학나눔 우수도서 선정.

근작시 꽃나무와 아이들 _이중섭을 생각하며

　　　　애월涯月을 그리다 20

　　　　꽃들의 장례식

　　　　책 무덤으로 들어가는 여자

신작시 참, 눈물겹기도 하지 _선유도에서

김밝은

시에서 눈을 떼지 않겠다는 마음으로 시작했지만 늘 저만치 앞서가기만 하는 시. 그렇게 잡히지 않는 시에 몸을 던져 한 사람의 마음에라도 가닿을 수 있는 시를 쓸 수 있다면…

근작시

꽃나무와 아이들[*] 외 3편
- 이중섭을 생각하며

  근심만 올라앉은 어깨를 정오의 그림자가 툭툭 치며 간다 새들의 잔소리가 많아졌다 조금 더 건뎌야 한다

  사는 일은 여전히 절벽 앞이다 대문 여닫는 소리가 날 때마다 가슴을 부여잡고 멀리 있는 얼굴들을 허공에 그리면 귤꽃 향기가 났다

  보드라운 숨결이 얹어진 그리움을 그리다 더 가난해진 손을 뻗으면 비웃기라도 하듯 세찬 비를 퍼붓고 손바닥만 한 은지를 펴다가 퉁퉁 부은 마음으로 바라보면 바다는 여전히 깊고 아득해서 또 서러웠다

  절대적이고 적대적인 세상의 벽 앞에서도 꿈꾸듯 귤나무에 꽃이 피고 손끝에서 아이들은 알몸으로 재잘재잘 오르내린다

  만질 수 없는 얼굴을 어루만지고 싶어 억장이 무너질 때, 건너지 못하는 바다를 향해 꽃향기 날아오른다 뛰어내린다

  그토록 다정했던 한 평 반^{**}의 시간을 그리워하며, 더 그리워하며,

* 이중섭의 그림 제목.

** 이중섭이 1년여간 가족과 함께 살았던 제주의 방 크기.

애월涯月을 그리다 20

자늑자늑 이야기를 나눌 잠깐의 여유마저 주고 싶지 않은지 매지구름이 하늘가에 모여들어 웅성거리기 시작했어

애기동백을 품은 분홍은 향기로 가득해서 마음을 잡아당기는 자리가 더 골똘해지겠지 추억을 더듬으며 한겨울 냉기가 서린 시간을 견뎌야 할 어느 날도 감정의 소용돌이에 붙잡혀 있을 때보다는 평온하다고 위안을 할지도 모르고

오래전의 쓸쓸한 그늘까지 데리고 왔는지 느닷없이 슬퍼지는 몸짓은 그 사람의 따뜻한 숨결, 눈빛을 건네주던 설렘이 간절해서일지도 몰라 어쩌면 분홍은 주고 싶은 모든 말

몇 번의 생을 품은 혼잣말을 제주왕나비의 날개에 얹어 바다 건너보내면 한 사람의 마음에 가닿을 수 있을까

애월,
아직도 분홍은 차마 건네지 못한 그리움처럼 눈물겹기도 해

꽃들의 장례식

아가, 내 발등에 네 연약한 발을 얹어보렴 그럼 내가 움직일 때마다 우린 함께 춤을 추는 거란다
엄마, 힙노스의 날개가 자꾸 저를 건드리는걸요

문을 열어젖힌 하늘이 쏟아붓는 폭언도
불평 없이 받아들이고
노을을 잡아당기는 저녁의 몸짓에
불온한 생각쯤 말끔히 지울 수도 있었는데

태어날 때 쥐고 나왔을 생의 가벼움과 분홍이
아파요

명랑한 재잘거림이 무너져 밀실처럼 어두워지면
바다로 출렁이는 사람들의 질긴 거짓말을 품고
밀물이 되지 못한 속내가 질펀한 개펄처럼 드러나고요

시간의 옷깃을 부여잡은 손에
안간힘이 얹어질 때
바람의 기척 하나 없는 머리 위로
촘촘한 햇살을 쏟아붓던 하늘
작별의 인사처럼

미혹의 빗방울을 흩날리기 시작하네요

흔적을 빼앗겨 어긋나 버린 신발들
비명을 토해내는 감정을 향해

이제 그만, 대답해 주세요

책 무덤으로 들어가는 여자

흰 머리카락이 집을 짓는 동안
낯선 문장들을 조합하고 있죠

자주 머리에 무거운 돌이 얹히는데
변덕쟁이 시간마저 재바른 걸음으로 어깃장을 놓아요

보드라운 마음 가만히 건네주던 모란도 가고
뺨을 건드리던 분홍이 꽃무덤으로 눕는 동안
창밖의 이팝꽃에 헛배가 부르네요

언젠가 타고 갈 한 척의 배 앞에서
팔찌에 단심을 새기는 多利의 얼굴을 바라보다가
살가운 옷자락을 끌며 가는
백제 여인의 숨소리도 들어봐야 하는데요

끝내 건드리지 못해 아쉬운 목록들을 부르면
곁을 내주지 않던 주석이 우르르 쏟아지기도 하고
미처 들여다보지 못한 사연들이 하염없이 달려들어
무딘 심장을 두드려대기도 해서

어느 봄날,

새물내 향긋한 당신의 나라에 도착할지도 모르겠습니다

* 문효치 「무령왕의 목관」에서 인용.

신작시

참, 눈물겹기도 하지
- 선유도에서

밀어내도 밀어내도 마음만은
무작정 아득해져서

홀로 선 바위도 섬 하나
떨어진 꽃 한 송이도
한 그루 나무의 마음이 되지

비를 붙들고 걷는 사람을 꼭 껴안은 바다는
열어젖힌 슬픔을 알아챘는지
흠뻑 젖은 그림자로 누워 있네

아무리 생각해도

섬과 사람 사이
사람과 사람 사이

참, 눈물겹기도 하지

김밝은

2013년 『미네르바』 등단. 시집 『술의 미학』 『자작나무숲에는 우리가 모르는 문이 있다』. 제3회 시예술아카데미상, 제11회 심호문학상 수상.

근작시 하루, 그리고 도꼬마리 씨

노을을 캐다

제발 내버려 두렴, 나의 우주를

갑골문자

신작시 콧잔등 얼큰한

금시아

마주치며 마주보며, 착각과 착시는 언제나 불안하거나 두근거린다. 내 시는 언제쯤 익숙해지고 자연스러워지고 더 깊어질까!

근작시

하루, 그리고 도꼬마리 씨 외 3편

그대의 사주는 역마살입니까
흩어지는 여행은 늘 성급합니다

멀리 갈 요량으로 아무 다리나 잡았던가요
풀숲을 탈옥할 각오쯤은 물론 있었겠지요

온몸에 도꼬마리 붙어왔던 날, 운명은 날갯짓이었나요

깜짝 놀라 뒤돌아가는 절망에도, 옆길로 피해 달아나는 불빛에도 어김없이 달라붙길 좋아하던 그대는 막내처럼 붙임성이 좋았지요 빚쟁이들의 까칠한 추심같이 좀체 떨어질 기미조차 보이지 않는 불행을 떼어내다 보니 누구에게나 다가오는 한 생生일뿐이었군요

솜털 같은 촉은 이미 던져진 미늘이었나요
새장 속의 새는 분홍이었던가요

담쟁이 주파수 쪽으로
입술을 깨물고 글썽이는 도꼬마리의 여름
범람해서 흰 눈 속에서조차 번식합니다
〈

속내 궁금한 달의 주기처럼
어떤 천적도 없어 흩어지고 마는 빛과 어둠
하루, 그리고 도꼬마리 씨

그대는 아직 위험합니까

노을을 캐다

새빨갛게 물든 한 폭의 안골포
저녁 해가 횃불처럼 포구를 밝히는 동안
바다와 갯벌 그 배접 끝에서
노부부가
노을을 캐고 있다

늙은 아내가 호미로 한 움큼씩 노을을 캐내면
노인은 깜짝 놀라 입을 꼭 다문 노을을
얼른 망에 주워 담는다
횃불이 사그라지기 전에
딱 하루만큼만 채운 노을 자루를
비척비척 밀며 끌며 가는 노부부의
느리고 굼뜬 실루엣,
저리 더딘데 어느새 이리 멀리 왔을까

캐낸다는 것은
자벌레처럼
수없이 구부정한 허리를 폈다가 구부리는 수행
생채기 덧나고 덧나 굳은살 박인
오체투지 같은 것
〈

막다른 아픔과 적막한 슬픔이 물든
안골포의 하루
끝없는 이야기처럼 퇴장하면
호미자루처럼 접힌 노부부의 긴 그림자
가로등 환한 언덕을
달팽이처럼 기어 올라간다

큰 대야 속의 노을
뻐끔뻐끔 바튼 잠을 해감하는 동안
밤새 칠흑 같은 갯벌은 두근두근 여울지겠다

제발 내버려 두렴, 나의 우주를

징조도 없이 어느 날 문득
엉뚱한 목표치에 도달하듯 일상이 급변하면 환경은 재빨리 자신의 경계를 재설정한다지

낯선 일상의 등장은 순식간에 익숙함을 제지하거나 편안함을 격리하고 말지

간섭하지 않으며 침범하지 않는 경계
자연의 거리 두기는,
생성보다 더 먼저 존중되는 규칙이었다지

타자끼리 제 영역을 확장해 가면서도 어떤 견고한 고통보다 더 먼저 성장하고, 부피와 질량을 알 수 없는 생소한 슬픔과 외로움, 참을 수 없는 고통마저도 묽게 숙성시켜 버리고서는, 비로소 가장 작은 따듯함과 숭고함을 비추며 서로의 눈물 닦아주는

저 자연의 우주는, 고독한 거리 두기에서 출발한 거라지

얼마만큼 시행착오를 거듭해야, 얼마만큼 자연스러워야 더 깊이 더 많이 고독해질까

제발 내버려 두렴, 나의 우주를

갑골문자

오늘의 일기예보는 두꺼비 울음입니다
낡은 것들이 느릿느릿
낮잠을 자는 집
두꺼비가 마당을 가로질러
어기적어기적 흐릿한 오후를 몰고 옵니다
하늘 한 번 올려다보던 아버지
삽자루를 들고 물꼬를 보러 나섭니다
투두둑 빗방울들
두꺼비 등을 타고 굴절합니다
사각지대의 낡은 일상이 흩어집니다
두껍아 두껍아 헌 집 줄게 새집 다오
논두렁과 삽자루의 돌림노래 끝이 없습니다
두꺼비의 조짐은 신령스럽습니다
못생긴 두꺼비의 예지를 쫓습니다
물고기와 미끼 사이의 찰나처럼
주술이 관통할까요,
야윈 기적을 산란할까요
두꺼비는 너무 느리고 진지합니다
선천적이거나 후천적이거나
안으로 들어오거나 밖으로 뛰어나가거나
익숙하면서도 사뭇 고요한 빗방울 시간

천방지축 회전문을 들락거립니다
아버지의 갑골문자,
지층의 흉터처럼 가렵습니다
하늘과 들판, 아버지와 두꺼비
전설은 서로 공존할까요
아버지 굽은 등에
꾸룩꾸룩 두꺼비 울음소리 깊어집니다

신작시

콧잔등 얼큰한

한때의 만개,
색깔들을 지배하려던 건 아니었을까
파하는 술자리를 붙잡고
딱 한 잔만 딱 한 잔만 더,
바람이 뛰어들자 색들이 난무했다

중얼중얼 노랗고 붉은 주정들
거칠 것조차 없어 넋 잃고 나면 바람은
옷도 벗어 주고 밥도 나누어 주었다
친절은 선택적이었다

여기요, 나무 사이로 새는 저 부챗살 좀 봐
당신이 흩날리고 방치될수록 물들어
구석구석이 따뜻해졌다
낮과 밤조차 못 가리는 팔랑팔랑은
고아가 될지라도 흥에 겨워
붉고 노란 노래를 지어 바쳤다
콧잔등 얼큰한 각별이었다

국화차 향기를 기울이자
들떴던 봄이 졸린 눈을 감았다

상기된 얼굴들과 동석했으니 불콰한 것일 뿐,
바람은 추락을 도움닫기라 했다
절정의 당신,
이미 제각각 만필이었다

금시아

2014년 『시와표현』 시, 2022년 『월간문학』 동화 등단. 시집 『입술을 줍다』 『툭,의 녹취록』 등. 산문집 『뜻밖의 만남, Ana』. 시평집 『안개는 사람을 닮았다』. 제3회 여성조선문학상 대상, 제5회 강원문학 작품상, 제16회 강원여성문학상 우수상, 제17회 김유정기억하기전국공모전 '시' 대상 등.

근작시 처음을 늘 마지막처럼 말하고 _아프로디테

　　　　문어

　　　　호수에 잠긴 달

　　　　P2P

신작시 꽃으로 보니 꽃

강빛나

　가슴 한 곳의 덩어리를 꺼내 세상 속으로 풀어본다. 풍경이 닿는 쪽으로 손을 내밀면 조금씩 내통하는 내 깊은 자아의 짭조름한 냄새. 이제는 날갯짓하며 훨훨 미쳐도 좋은 날을 생각한다.

근작시

처음을 늘 마지막처럼 말하고 외3편
- 아프로디테

  라떼 거품에서 바다냄새가 났다 부풀게 말하면 향기가 없어진다고 생각하는 남자 곁에서 하루를 견디는 건 지루했다

  남자는 벌겋게 달구어진 하루를 식히는데만 골몰했다 도무지 꽃 피는 것을 모르고 기능이 많으면 뭐 해 내겐 한 가지가 필요한데,

  이런 날은 컵 속의 하트가 미궁 속이어서, 또 근사해서 호기심 많은 눈빛이 애써 초록을 떠올렸다

  앙키세스, 내가 향하는 키프로스는 나무가 바다를 건너가는 세계

  얽매이지 않아서 좋아! 연애를 시작하고 끝날 때마다 외쳤는데 나와 다른 생각에 무너지는 소문이 많았다

  가리는 것 없어서 심장은 바람을 흉내 냈을까 나른한 그리움을 몰고 다니다가 기다림에 금이 생기면 지킬 것 많은 여자가 금세 공작새 걸음으로 다가왔다
  〈

여자는 아름답다는 말과 추하다는 말이 같다며 연민이 닿지 않는 남자를 소개했다 난 적어도 직진하는 바람, 순수할 수 있잖아 독수리처럼 머리 굴려 허벅지에서 말을 꺼내지 않으니까

왜 바다는 나무가 지나갈 때마다 포말을 일으키며 방해하는지, 자고 나면 사라지고 이어지는 어제의 다짐과 같아지는지

컵 속에서 싱싱하게 출렁이는 하트를 저어
아리아드네의 실타래 같은 입술 흔적을 지우며, 마시는 일

이제 지루한 남자가 선물한 마법의 허리끈은 다시 차지 않을 일이다

문어

내 높은 지능이 연체동물 중 최고라고 했다

머리만 좋을 뿐
나는 천애고아다
밤을 낮으로, 낮을 밤으로 사는 습성인즉
겨울 바다 밑바닥을 헤매며 바다의 맛을 너무 일찍 알았다

가끔 어른들은 집안을 봐야 그 사람을 안다고 했다 먹물을 뿌리고 싶었다

매일 웃는 연습을 했다
그들은 나를 바다의 현자라 불렀지만 바다에서 훨훨 떠도는 무념은 알지 못했다

먹고 사는 일에는 몸 쓰는 것이 중요해서 발바닥이 아려왔다
바위에 몸 비빌 형제 하나 없이 홀로 선다는 것

뼈대 없는 가문이란 게
마땅히 후광 받을 곳이 없다는 게
이렇게 눈시울을 붉히는 일인 줄 몰랐다

〈
짧게 살더라도
단 한 번 눈멀었던 내 사랑 지워지지 않도록

文魚가 文語로 바뀔 수는 없을까
그 질문의 답을 듣기 위해 나는 칠흑 같은 심연을 떠돈다

호수에 잠긴 달

햇빛의 양에 따라
물빛이 달라지는 루체른 호수에서
네가 건네던 한마디에
눈빛이 달라지는 내가 보였다

-당신은 자기밖에 몰라

휘어진 말의 굴절은 아래로 가라앉고
섞이지 않은 감정만 위에서 둥둥 뜨는,

강물이 원한 건 고요만이 아닌데
시간을 붙잡고 뒤웅박 치던 결의 소용돌이

너를 벗어나고 싶어 떠나왔는데
네가 없다는 생각에
세상이 가라앉아 떠오르지 않는다

가끔은 뒤집혀야 바닥이 맑아지는 바다의 속성을
물에게 배우고 돌아오려는 날

너를 벗어나지 않기 위해 벗어난 내가

여기서 가슴을 열고 한없이 낮아진다는 걸

물에 잠긴 달을 보며 심장을 더듬는다

불꽃을 일으키려는 힘의 작용점이
살며시 오른쪽으로 돌아가고 있다

P2P

혁명은 극적이고 물음은 새로워야 한다

중앙은 가릴 것 없는 벌판이어서 재미없다
위험해지기 위해서는 모르는 곳으로 사라져야 한다
모든 혼자는 위험하다

은밀한 디아스포라에게 잠은 사치가 된 지 오래
쉽게 쌓는다고 쉽게 무너지지는 않을 거야
둔감한 경계가 빗나가는 것을 묵인할 때도 있다

블록은 벽돌처럼 단단해서 몸에 체인을 감고 오르면
내가 나답게 닿을 수 있을 것 같다

아버지는 처음부터 벌판의 중심이 아니었고,
가장자리나 바닥에서 맴돌았다
관계의 수직은 일찌감치 없거나 해체되어
불신자 이름에 오르지 않아도 되었다

이 밤 텅 빈 중앙을 넘는다
나를 검열하지는 마 국경은 없으니까
〈

타우마제인, 일곱 살 때부터 난 어디든 넘나들고 싶었다
문제는 어려울수록 구미가 당겼으니까
누구보다 빠르게 마이닝을 하고
낯선 것은 블록을 쌓는 일처럼 즐거웠다

거칠한 바닥에서 믿을 건 오로지 자신이야
다 털린 아버지는 벽돌을 나르며 중얼거렸다

아찔한데도!

예측할 수 없어서
쌓은 것이 헛수고일 때도 편향적으로 재미있어서
보이지 않는 곳에서 위아래 없이
암호로 세상을 타전하는

나는 지금 위험한 골방이다

신작시

꽃으로 보니 꽃

할머니 대신 열네 살에 물질을 갔을 때
한순간 테왁이 꽃으로 보인 적 있다

바다 잎사귀 위에 말갛게 피어 나 여기 있다는 듯
자맥질할 때마다 들썩이는 꽃의 엉덩이

파도가 시퍼렇게 허리를 밀어내면 꽃은 하염없이 수면으로 솟아올랐지만
할머니는 물밑의 바람을 따라가라고 몸속에 들어와 말했다

겁 없이 내리꽂히는 삼세기 살빛, 물 계단을 건너 바다 한 귀퉁이를 퍼 올릴 때마다 꽃은 시들지 않으려고 몸을 흔들었다 설움은 절여지지 않았다

처음부터 뒤집어볼 수 있는 생이 아니었다
수평선을 허리에 감고 고요하게 누워 세상을 받아들이고 싶었다

바다의 깊이가 겨우 한 뼘쯤으로 느껴질 때까지
해변의 슬레이트 지붕 아래에서 하얗게 늙을 때까지

〈

  아가, 꽃이 흔들리면 잠시 쉬거라 할머니의 밭은 목소리가 죽지 않고 꽃이 되어 걸어가고 있었다

  몸속에 기록해 놓은 일기예보와 찬밥 한 덩이와 숨을 붙든 봄 바닷속

  꽃들은 끝까지 서로를 놓지 않았다

강빛나
2017년 『미네르바』 등단. 제2회 예천내성천문예공모 대상 수상.

시동인 미루 창간호

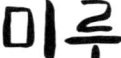

초판 1쇄 발행 | 2023년 11월 11일

지 은 이 하두자 유현숙 신새벽 김선아 김밝은 금시아 강빛나

펴 낸 곳 도서출판 상상인
펴 낸 이 진혜진
편   집 세종PNP
책임교정 미루
표지디자인 김민정

등록번호 572-96-00959호
등록일자 2019년 6월 25일
주   소 06621 서울시 서초구 서초대로74길 29, 904호
전화번호 02-747-1367, 010-7371-1871
팩   스 02-747-1877
전자우편 ssaangin@hanmail.net

ISBN 979-11-93093-25-2 (03810)

값 12,000원

* 이 책은 전부 또는 일부 내용을 재사용하려면 반드시 저작권자와 도서출판 상상인의 동의를 받아야 합니다.

* 이 도서의 국립중앙도서관 출판시도서목록(CIP)은 서지정보유통지원시스템 홈페이지(http://seoji.nl.go.kr)와 국가자료공동목록시스템(http://www.nl.go.kr/kolisnet)에서 이용하실 수 있습니다.